### 本书编委会

主　　编：何银中　余　微

副 主 编：黄　霞　禹　艳　梅　波

执行主编：贺　粟　王　娟

委　　员：杨春艳　袁　柳　彭小莉
　　　　　丁佩瑶　代　政

四川宋瓷博物馆宋瓷文化科普绘本

# 瓷器时光机

## ——驶向宋代文人趣味生活

四川宋瓷博物馆 编

图书在版编目（CIP）数据

瓷器时光机：驶向宋代文人趣味生活 / 四川宋瓷博物馆编. -- 成都：四川大学出版社，2024.11.
ISBN 978-7-5690-7359-1

Ⅰ．K876.3-49

中国国家版本馆 CIP 数据核字第 2024TR5206 号

书　　名：瓷器时光机：驶向宋代文人趣味生活
　　　　　Ciqi Shiguangji: Shixiang Songdai Wenren Quwei Shenghuo
编　　者：四川宋瓷博物馆
-----
选题策划：唐　飞
特约策划：黄剑锋　丁　妍　蒲治国
责任编辑：宋彦博
责任校对：吴连英
装帧设计：墨创文化　曾熹元
责任印制：李金兰
-----
出版发行：四川大学出版社有限责任公司
　　　　　地址：成都市一环路南一段 24 号（610065）
　　　　　电话：（028）85408311（发行部）、85400276（总编室）
　　　　　电子邮箱：scupress@vip.163.com
　　　　　网址：https://press.scu.edu.cn
印前制作：成都墨之创文化传播有限公司
印刷装订：四川盛图彩色印刷有限公司
-----
成品尺寸：240mm×240mm
印　　张：12.5
字　　数：65 千字
-----
版　　次：2025 年 1 月 第 1 版
印　　次：2025 年 1 月 第 1 次印刷
定　　价：78.00 元
-----
本社图书如有印装质量问题，请联系发行部调换

版权所有 ◆ 侵权必究

扫码获取数字资源

四川大学出版社
微信公众号

# 序

  四川宋瓷博物馆（遂宁市博物馆）为国家二级博物馆，同时为中国唯一专题类宋瓷博物馆，现有馆藏文物 14119 件（套），其中国家一级文物 31 件。馆藏文物以 1991 年 9 月在遂宁市金鱼村发掘出土的一批大型南宋窖藏瓷器最具特色，这是迄今为止国内已发现的最大一宗宋瓷窖藏，也是我国陶瓷考古的重大发现，不仅在国内文物界引起了轰动，也在国际上提升了中国古代瓷器的知名度。

  遂宁市金鱼村出土的南宋窖藏瓷器艺术风格多样，展现了南宋时期瓷器艺术的繁荣景象，对于研究当时的文化发展、审美趋势、社会风尚具有重要价值。

  遂宁宋瓷，以其非凡的艺术价值与历史意义，频繁亮相于国内外各大展览，其中包括四次走出国门的展出，吸引了全球众多主流媒体及上百万观众的目光，极大地提升了宋瓷的国际知名度。通过这些广泛的展示平台，遂宁宋瓷不仅作为艺术品得到了鉴赏家的赞赏，也作为遂宁的文化象征被世人所认识，有效推动了遂宁城市形象的传播，成为代表遂宁的重要文化名片。

  博物馆作为文化教育的主阵地，凭借其丰富的藏品与多样的教育活动，不仅承担着知识传播与公众美育的责任，还促进了社会教育的公平与公众对文化多样性的认识。近年来，党和国家高度重视发挥博物馆青少年教育平台功能，出台了一系列政策措施，推动博物馆教育资源开发应用，不断探索完善博物馆教育模式，增强博物馆教育效果，引导广大中小学生了解中华优秀传统文化，积极践行社会主义核心价值观，实现博物馆教育资源的深度挖掘和有效传播。

　　四川宋瓷博物馆（遂宁市博物馆）自开放以来持续利用场馆建设、文物保护、藏品研究、陈列展览、开放服务、教育传播、国际交流等方式，激发各年龄段公众的学习兴趣，尤其是在青少年教育中发挥着"第二课堂"的重要作用，奠定了其在文化传播与教育领域的重要地位。

　　四川宋瓷博物馆（遂宁市博物馆）通过对宋瓷藏品的深入研究，将这些珍贵的文化遗产转化为易被公众接受的教育资源，开发了一系列教育产品，其中包括专门针对不同年龄层设计的系列课程，旨在传播宋瓷的历史背景、艺术特色、制作工艺等多方面的知识。在此坚实的内容基础上，博物馆进一步创新推出了宋瓷文化普及绘本，以期以此为载体，将复杂的宋瓷知识以故事化的形式展现给读者，激发读者对传统文化的兴趣，在潜移默化中培养其审美能力和文化认同感。

　　此精心设计的绘本，以馆藏宋瓷精品为基础，通过细腻的图文叙述，依次描绘出宋人日常生活中的五大风情画卷：香气缭绕的香文化、雅致生活的瓶花艺术、文人墨客的文房雅趣、意蕴悠长的茶文化，以及丰富多彩的饮食文化。每一页都满载创意与想象，不仅生动再现了宋代社会的日常风貌、城市景象，还深入描绘了文人雅士的高雅生活情趣，勾勒出一个鲜活的宋代世界。这不仅是一场视觉与知识的盛宴，更为青少年铺设了一条通往古代文明、感受中华历史韵味的探索之路。它如同一把开启博物馆大门的钥匙，不仅引领青少年领略博物馆的广博与深邃，还帮助他们在轻松有趣的阅读中理解博物馆作为文化传承与教育场所的核心功能，从而在心智成长的旅程上迈出意义深远的一步。

本书编委会

# 目录

| 一 导读 01 | 二 袅袅宋香 03 | 三 清雅花韵 29 | 四 文墨飘香 57 | 五 悠然茶趣 85 | 六 瓷盘珍馐 115 |

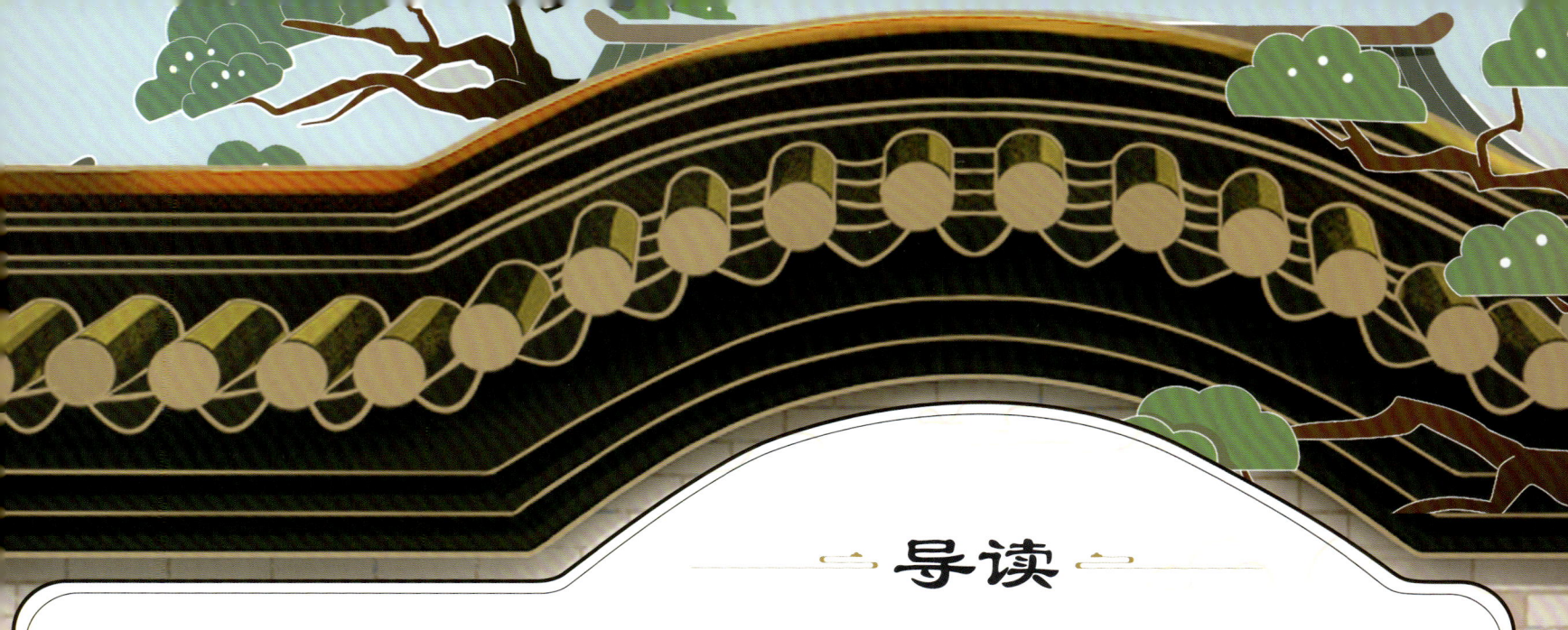

# 导读

　　本绘本主要围绕宋瓷与宋代文人雅士的生活展开，凸显宋代文人雅士的审美取向及其对宋瓷的影响。

　　宋代是中国制瓷手工业百花争艳的时期，宋人对瓷器的审美取向和同时期其他艺术风格一样，无论是造型、釉色还是纹饰都倾向于自然、冲淡、质朴。宋瓷的美是特定时代文化精神的产物。

　　"袅袅宋香"单元以宋代香文化为背景，通过讲述青池向父亲请教香品和焚香技巧的故事，结合馆藏香器，介绍中国香文化发展和宋代文人雅士家中常见的香品、香具等。

　　"清雅花韵"单元讲述青池在春日百花绽放之时与母亲一同赏花、识花以及学习插花的故事，融入宋代簪花、插花等知识，同时展示馆藏花器，体现了宋人风雅的日常情致。

　　"文墨飘香"单元以中国历代选官制度与宋代科举制度为知识背景，以馆藏砚滴、水盂和笔墨插等宋瓷为例，展现宋代瓷质文房用品特色以及宋代文房用具的重要性。

　　"悠然茶趣"单元以宋代茶文化为背景，通过讲述青池和颂哥儿在家中为父亲及其好友点茶、姐弟斗茶的故事，介绍宋代茶器与茶艺。

　　"瓷盘珍馐"单元讲述青池一家在父亲生辰之日举办小型家宴的故事，结合馆藏酒具、食具，展示宋代饮食中的瓷质用具与饮食文化。

　　该绘本故事中，我们引入了一个极具代表性的宋代家庭——青池和颂哥儿两个活泼可爱的孩童、一位温婉知性的母亲以及一位有着文人风骨的父亲颜望回。全书以第三人称的视角，引领读者踏上一段关于宋代文化和四川宋瓷博物馆（遂宁市博物馆）珍稀藏品的奇妙探索之旅，让读者领略到宋人闲适、雅致的生活态度，并潜移默化地学习到丰富的历史文化知识。

　　为了拓展青少年研学体验的深度与广度，家长可以引导孩子在博物馆之旅前，通过阅读绘本和搜集问题，预先探索宋瓷与宋文化的奥秘，还可以和他们一起动手制作个性化的"探馆手册"。这不仅能为实地探馆铺垫知识基础，还能激发孩子的好奇心和求知欲，促使他们在现场参观时能够带着问题观察，主动探索。而参观后的绘本重温，则如同一座桥梁，连接起博物馆里的直观感受与书本中的深度解读，给予孩子充足的时间和空间去回味、思考。

　　绘本阅读，可通过讲述法、交流法与演绎法构建阅读环境。讲述法是指由家长讲述故事，孩子倾听故事并观察图画，综合运用听觉与视觉，营造立体阅读体验，加深理解并增强情感共鸣；交流法是指让孩子主导阅读，家长辅以提问与讨论，共同挖掘细节，拓展阅读深度；演绎法则是指通过角色扮演和自制道具，将故事活化，在体验式的学习中增加乐趣与沉浸感。此外，绘本内嵌的游戏，鼓励孩子自发创造想象空间，与博物馆体验交织，产生独特乐趣。绘本每单元后设置互动游戏，如瓷器填色、瓷器名称猜测等，不仅能增添阅读趣味，还能激发孩子的创造力和探索欲，将绘本搭建成亲子交流、寓教于乐的美育平台。

## 故事背景

在宋代这个香文化鼎盛的时代，香不仅是宋人日常生活中不可或缺的部分，更是文化和艺术的载体。本篇故事围绕着青池和她的父亲展开。青池的父亲精通各类香品的制作，拥有高超的焚香技巧，从小耳濡目染的青池，也对香文化充满了浓厚的兴趣，她渴望深入学习一切与香有关的知识。

在父亲的指导下，青池开始了解香具的由来和使用方法，掌握香品的分类和特性，也了解到焚香的仪式感。在青池看来，焚香不仅仅是一项日常活动，更是一种精神的享受和心灵的净化。

阅读本篇故事，读者不仅能领略宋代香文化的丰富多彩，还能感受到香在那个时代所扮演的重要角色——它既是物质生活的点缀，也是精神追求的象征。青池对香文化的探索和学习，启示我们在新时代重新审视并激活这一古老传统的价值与生命力。

## 阅读目标

**情感培养** 感受故事中所传达的亲情、尊重和感恩等正面情感，学习亲子沟通技能。

**思维启发** 深入探索香在历史文化长河中的演变历程，思考香如何作为一种跨越时空的媒介，连接着古今，丰富着人们的精神生活。

**生活实践** 尝试手工配制简单的香品，练习焚香的方法与技巧，锻炼动手能力和创新思维。

**文化认知** 了解宋代香文化的历史背景，香品、香器的种类和用途，以及香文化反映了当时怎样的文化审美和精神追求。

刘家上色沉檀拣香

宋代是中国香文化的鼎盛时期，其繁盛程度从宋代的书籍中就可见一斑。《全宋词》中直接与香事有关的词有2800多首，约占总数的14%。这个时期，香文化从贵族走向民间，从书阁走向市井，香料种类繁多，焚香方式讲究，合制香品、焚香用香、互赠名香、应和酬唱成为文人崇尚的雅事。

## 出场人物

### ◆ 颜望回

青池和颂哥儿之父，宋代文人，家境殷实。

### ◆ 青 池

家中长女，颂哥儿之姐，从小习读四书五经、诸子百家，聪慧过人。

"琢瓷作鼎碧于水，削银为叶轻如纸"出自宋代杨万里所作的《烧香七言》，意为"精雕细琢的瓷器，制作得比水还要清澈碧绿，仿佛能映照出万物的倒影；细致削制的银片，被打造成薄如蝉翼的叶片，轻盈得似乎能随风飘扬"。这里诗人运用了丰富的想象力和细腻的笔触，形象地描绘出了瓷器与银器的工艺之美。

这香器也是在随着朝代的更迭而不断变化的。在远古时期，先民们就已在使用香器了。那时的香器造型古朴，多为陶制。

战国时期，已经有制作精良的熏炉了，其中有雕饰精美的铜炉，也有一些瓷炉。

到了汉代，熏炉发展到了鼎盛时期，数量和种类都远多于战国时期。材质以陶质和铜质最为多见，造型有博山炉、鼎式炉、豆式炉等多种样式，观之有厚重之感。

汉代熏炉中又以博山炉最为有名。它在汉代的地位非常高，极受人们推崇。据推测这与当时汉武帝的推重有关。武帝好仙道，故而对象征仙境的博山炉多有青睐。

隋唐时期，香器的材质以瓷为主，同时还出现了许多器形华美的金、银、鎏金银香具。此时各类雕刻精美的银、铜熏球广泛流行，它们可以在外出时携带，也可以悬挂于室内，或是置于被褥内暖被熏香。这时候的熏球，就是唐代的"香囊"。

〔南宋〕景德镇窑青白釉
八棱鼎式瓷炉
（四川宋瓷博物馆藏）

〔南宋〕龙泉窑青釉兽耳衔环
直口深弧腹鼎式瓷炉
（四川宋瓷博物馆藏）

〔南宋〕景德镇窑青白釉
剔刻折枝荷叶莲花纹鼎式瓷炉
（四川宋瓷博物馆藏）

另外，鼎式炉的造型比较独特，它是由商周时期的青铜鼎演变而来。不同的是，我们现在不再使用青铜鼎上繁复的饕餮纹、云雷纹等图案。鼎式炉有三足的，也有四足的；有带双耳的，也有无耳的。

父亲，女儿说得对吗？

池儿聪慧！

再者就是鬲式香炉，它也是仿古造型，来源于古代的陶鬲和青铜鬲。鬲式炉一般是鼓腹，有三个乳状袋足，有些有双耳，有些无耳。

〔南宋〕龙泉窑青釉三足鬲式瓷炉
（四川宋瓷博物馆藏）

〔南宋〕景德镇窑青白釉凸雕花卉纹鬲鼎式瓷炉
（四川宋瓷博物馆藏）

《和黄鲁直烧香》（苏轼）："四句烧香偈（jì）子，随香遍满东南。不是闻思所及，且令鼻观先参。"这首诗的大意是：在念诵着关于烧香的偈语（佛经中的唱颂词）时，香的气息弥漫到了东南方。这不是仅凭听闻或思考就能理解的，而是要先用鼻子去感受，用心去体会。

黄庭坚，字鲁直，号山谷道人、涪翁，北宋著名诗人、书法家，和蔡襄、苏轼、米芾并称为"宋四家"，也是"江西诗派"的创始者。

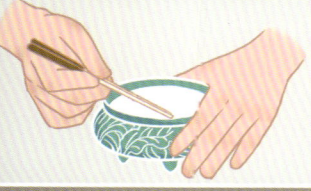
第一步：理灰。
在香炉里倒入适量的香灰，用香箸轻轻捣松，让香灰混合均匀。

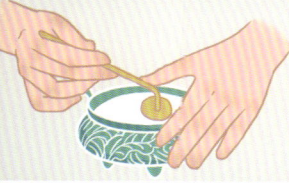
第二步：压灰。
左手固定炉身，右手持灰压将香灰轻压成均匀平纸状。

第三步：扫灰。
右手持香扫清理附于炉身四周的香灰，动作需轻柔，不可触动已压实的香灰。

第四步：入篆。
右手持香篆模，平稳置于香炉中心的香灰上。

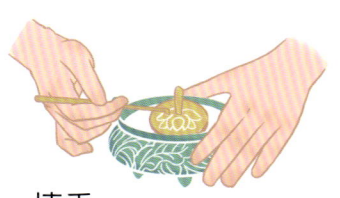
第五步：填香。
先用香匙从香盒中取一些香粉，再用香铲轻轻把香粉均匀填入香篆模的镂空处。右手持香铲将香篆模镂空处的香粉夯实后，铲去多余的香粉。不可把香粉撒到香篆模外面，要确保桌面和香炉的干净整洁。

第六步：起篆。
左手扶住炉身，右手轻轻垂直向上提起香篆模。

第七步：燃香。
用点燃的线香，将香篆的一端点燃，即可品香。

## 知识探索

### 1. 诗中寻香（从下列诗词中找出香料的名称，填写在下方横线处）

（1）薄雾浓云愁永昼，瑞脑销金兽。——李清照《醉花阴·薄雾浓云愁永昼》

（2）燎沉香，消溽暑。鸟雀呼晴，侵晓窥檐语。——周邦彦《苏幕遮·燎沉香》

（3）银烛冷秋光画屏，碧天晴夜静闲亭。蛛丝度绣针，龙麝焚金鼎。——卢挚《沉醉东风·七夕》

（4）倒穴漂龙沫，穿松溅鹤襟。何人乘月弄，应作上清吟。——陆龟蒙《四明山诗·潺溪洞》

（1）_____　　（2）_____

（3）_____　　（4）_____

### 2. 成语荟萃（在下方横线处写出你知道的含"香"字的成语）

_____

_____

_____

_____

## 3. 香炉填色（给下面这只香炉填上你喜欢的色彩和图案）

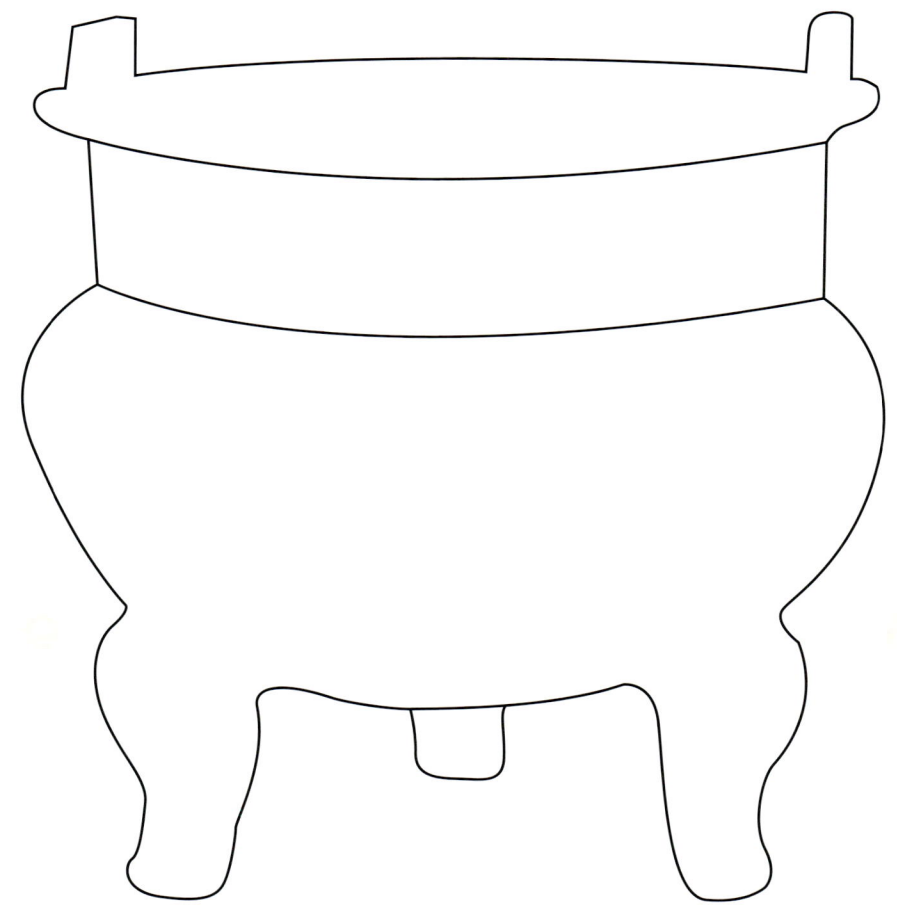

参考答案

◆ 诗中寻香

（1）龙脑香；（2）沉香；（3）龙麝；（4）龙涎香。

## 故事背景

　　宋代，簪花、插花不仅仅是日常生活的装饰，更是一种精神的寄托，一种文化的传承。在这个故事里，春日的阳光温柔地洒在一朵朵绽放的花朵上，青池和她的母亲，作为这段旅程的向导，带领我们走进了一个充满诗意与浪漫的世界。

　　故事中穿插讲述珍贵的瓷质花器，它们或古拙或华丽，每一款花器都有其独特的历史背景和艺术价值。它们不仅是插花的载体，更是宋代文化的一个缩影，展现了宋代人对生活的热爱，对美的追求，以及与自然和谐共处的精神境界。

　　"清雅花韵"深深植根于宋代花文化之中，它引领我们穿越回那个崇尚自然之美、追求生活艺术的时代，让每一位读者都能从中感受到那份清雅之美，那份源自千年前的花韵。

## 阅读目标

- **文化认知**　　增强对中华优秀传统文化，特别是宋代簪花、插花艺术的了解，感受宋代人的生活方式和审美情趣。

- **审美体验**　　学会从不同角度欣赏花卉之美，培养对自然美的敏感性和鉴赏力，同时通过简单的插花、簪花创作培养艺术创造力。

- **知识技能**　　学习花卉的名称、特性以及相关的历史文化知识；认识宋代典型花器，掌握基本的插花技巧，理解插花的构图原理和美学原则。

- **情感培养**　　通过亲子阅读和讨论，加深亲子之间的情感联系；培养对家庭和传统文化的尊重，理解并珍惜传统文化。

两宋时期是花事逐渐走向繁荣的历史阶段。皇宫庭院,文人居所,乃至民间街坊,无处不有花的身影。花卉在宋代文人的生活中留下了深刻的痕迹。受"尚雅"观念的影响,宋代文人的审美意识不断增强,注重花事的清雅自然,因此宋时文人室内无论卧榻、厅堂、书斋均有瓶花之姿,室外游园雅集场所亦有赏花之乐。

# 出场人物

**赵清影**

青池、颂哥儿之母,贤惠达理、仁爱慈善、教子有方。

**青 池**

家中长女,颂哥儿之姐,从小习读四书五经、诸子百家,聪慧过人。

宋代花事活动达到鼎盛，反映在集市、节庆的各个方面，许多大都市都有大型的花会、花市，如洛阳"万花会"、扬州"万花会"、成都"二月花市"和"十一月梅市"等。

洛阳是中国野生牡丹最早的原生地之一,也是中原牡丹的重要发祥地。在两宋时期,以洛阳为中心,牡丹文化形成一个新高潮,宋人称牡丹为"洛阳花"。

[清]钱慧安《簪花图》
（台北故宫博物院藏）

### ● 历史小故事：四相簪花

北宋庆历五年（1045年），韩琦任扬州太守时，官署后花园中的一株花开了。此花一株四枝，每枝都开花一朵，红色花瓣分上下两层，一圈金黄蕊围在中间，形似身穿红袍、腰系金带的朝廷官员，故名"金缠腰"或"金带围"。传说，此花一开，城中就要出宰相。韩琦甚感惊奇，就邀请了当时同在扬州的王珪、王安石、陈升之饮酒赏花。席间，他将这四朵花剪了下来，每人簪戴一朵。说来更奇，这四人后来都做了宰相。这就是历史上有名的"四相簪花"的故事。

那么，你来猜一猜，被称为"金缠腰""金带围"，为四人所簪戴的花是什么花呢？

（参考答案：芍药）

# 知识探索

**簪花为饰（请为青池母亲簪戴的花朵填色）**

## 知识探索

择选花材(请帮助青池在瓶中绘制上合适的花材,制作父亲喜爱的瓶花吧)

## 知识探索

1. 辨认花器（还记得故事中出现的花器吗？请写下它们的名称）

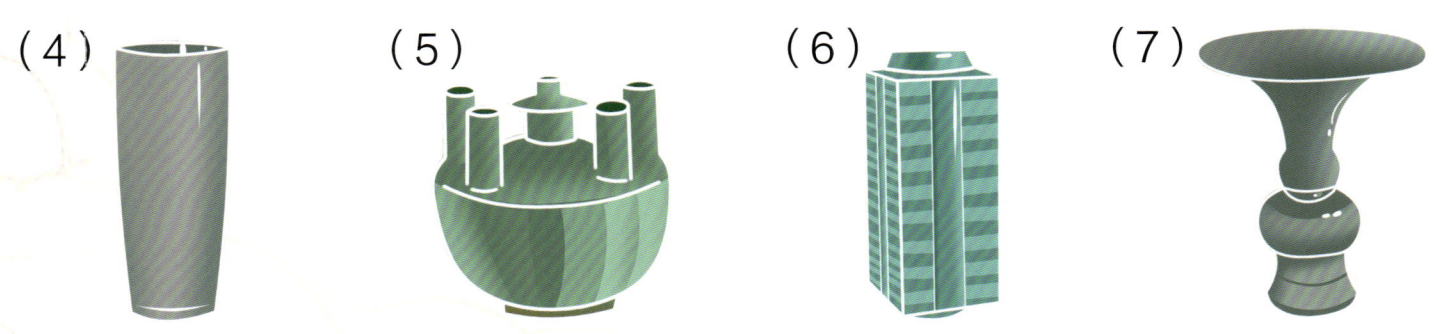

## 2. 画中瓶花（将古画中的瓶花圈出，并用直线将其与相应的花器、花材相连）

【南宋】陈清波《瑶台步月图》
（北京故宫博物院藏）

筒形瓶　　　　　　丹桂

【宋】佚名《胆瓶秋卉图》
（北京故宫博物院藏）

长颈瓷胆瓶　　　　水仙

【南宋】苏汉臣《妆靓仕女图》
（美国波士顿美术馆藏）

觚形器　　　　　　菊花

# 参考答案

## 辨认花器

（1）贯耳瓶；（2）弦纹瓶；（3）胆瓶；
（4）筒形瓶；（5）孔式花插；（6）琮式瓶；（7）觚形器。

## 画中瓶花

筒形瓶　　丹桂

长颈瓷胆瓶　　水仙

觚形器　　菊花

## 故事背景

宋代，一个以文治国的时代，科举制度得到了前所未有的发展，成为选拔人才的主要途径。科举考试不仅改变了无数寒门学子的命运，也深深地影响了社会风气和文化发展。青池和颂哥儿自小便沐浴在这种崇尚学问的环境中。

在书房里，父亲的书桌上摆放着文房用瓷，如瓷砚滴、水盂和笔墨插，这些精致的器具不仅仅是文房用品，更是宋代文人士大夫文化品位的体现，也映射出他们对文化修养的重视。

"文墨飘香"以青池和颂哥儿的故事为线索，巧妙融合了历代选官制度、宋代科举制度与文人士大夫的文房雅事，不仅展现了宋代瓷器之美，更传递了宋代士大夫文化的精髓。本篇故事如同一扇窗，让现代青少年通过青池和颂哥儿的成长故事，领略宋代士大夫文化的魅力，感受古人对知识的尊崇和对美好生活的追求。

## 阅读目标

**文化认知**　　初步认识宋代的社会生活、文化氛围、教育方式与选官制度，了解宋代瓷质文房用品的特色和文化意义。

**艺术审美**　　感受宋代文房瓷器的艺术魅力，包括其造型、釉色、装饰等方面的独特之处，培养对中华优秀传统文化的兴趣。

**文学修养**　　在文学与艺术的紧密结合中，感受宋代文人追求的精神境界，激发对书法、诗词等古典艺术形式的好奇心，主动学习和传承，增强文学修养。

**情感教育**　　传承勤奋、谦逊、尊师重道等传统美德，塑造积极的人生态度。

在中国封建社会，宋代的文化可以说登峰造极。著名史学家陈寅恪曾经这样说过："华夏民族之文化，历数千载之演进，造极于赵宋之世。"这个时期，文学、史学、理学、艺术和科学技术等诸多领域硕果累累。同时，科举制度的完备，促成大量"寒俊"崛起，构成了新兴的士人群体，他们在政治生活之外，以山水田园、香茶画花为依托，躬身实践理想中的生活情趣。

# 出场人物

**青 池**

家中长女,颂哥儿之姐,从小习读四书五经、诸子百家,聪慧过人。

**颂哥儿**

家中长男,青池之弟,垂髫稚子,求知欲强。

传胪大典是宋代科考殿试之后，宣布登第进士名次的典礼。

卿：古代的高级官吏。

禄：古代官员的俸禄。

大良造：战国初期秦国的最高官职，掌握军政大权。商鞅变法时制定二十等爵，大良造为第十六级，亦称"大上造"。

比如，唐代的科举和我们现在的科举有什么不同，颂哥儿可知？

这我就不知道了。

科举制在唐代逐渐发展，形成了比较完善的体制，一般有常科和制科两大类，另外还有选拔武官的武科。常科一般一年一次，考试科目包括明经、秀才、进士、明法、明字、明算、童子、道举等。其中以进士科最受重视，当然难度也最大，录取率非常低，所以有"三十老明经，五十少进士"的说法。

制科是由皇帝亲任考官，选拔具有专才之人为国效力。

"三十老明经，五十少进士"的意思是说：明经登科容易，三十岁被录取已显得很老了，而进士科及第极难，五十岁进士及第也算是年轻的。

"朝为田舍郎,暮登天子堂"出自《神童诗》,传为宋代神童汪洙所作。宋代崇文抑武,读书人地位极高。

笔墨插：是用来插放毛笔和墨条的文房用具，一般呈扁圆柱形，顶上有二至四个孔用来插笔或存墨。

# 知识探索

## 1. 涂一涂（给你喜爱的文房用具上色）

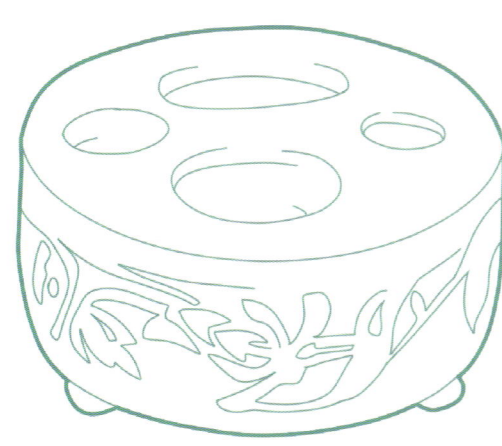

2. 写一写（在下方横线处写下你在绘本中学到的成语或俗语）

## 故事背景

茶的历史可以追溯到远古时期，发展到市井经济繁荣的宋代时，其已成为风靡全国的"国饮"。正如南宋诗人吴自牧《梦粱录》所言，"盖人家每日不可缺者，柴米油盐酱醋茶"，上至皇室，下到平民，无一不以饮茶为乐。而宋代点茶斗茶之风，更是将中国的茶文化推向了巅峰。茶道本身所蕴含的中华传统礼仪和茶器所蕴含的审美意趣，也随着宋代茶事的兴盛而发展到了极致。

本篇故事中，青池和颂哥儿姐弟将带领读者"穿越"到宋代，通过妙趣横生的茶道、茶艺以及精致典雅的茶器，了解中国源远流长的茶文化，感受中华文化魅力，增强文化自信。

## 阅读目标

**文化认知**　了解茶的历史源流、茶道礼仪、茶艺流程等，领略宋代作为茶文化发展黄金时期的独特风貌；研究与传承茶文化，促进中华优秀传统文化的活态保护与发展。

**审美体验**　欣赏宋代茶器及茶室布置的简约雅致之美，感受古代文人雅士的生活情致，提升审美情趣。

**生活实践**　学习宋代的饮茶方法与品鉴技巧，尝试将传统茶文化融入现代生活，促进健康饮茶习惯的形成。

**情感共鸣**　从宋代人的茶事活动中学习人际交往、情感交流的技巧，产生对和谐人际关系的向往，以及对宁静致远生活态度的共鸣。

在市井经济繁荣昌盛的宋代,茶已经成为风靡全国的"国饮"。上至皇室,下到平民,无一不以饮茶为乐。而宋代的点茶斗茶之风,更是将中国茶文化推向了顶峰。

# 出场人物

### ◆ 颜望回

青池和颂哥儿之父，宋代文人，家境殷实。

### ◆ 韩齐愈

父亲之好友，宋代文人，嗜好饮茶。

### ◆ 青 池

家中长女，颂哥儿之姐，从小习读四书五经、诸子百家，聪慧过人。

### ◆ 颂哥儿

家中长男，青池之弟，垂髫稚子，求知欲强。

女儿不才,前些日子刚习读了《茶经》,这就说道一二,请韩先生和父亲指教。关于茶的起源,传说是神农在野外以釜煮水时,有几片叶子飘进锅里,煮好的水颜色微黄,喝入口中生津止渴、提神醒脑,神农以过去尝百草的经验,判断它是一种药,所以茶就作为药而被发现了。

团饼茶：指经过采择、蒸压、研膏、烘焙等一系列过程所制作而成的块状紧压茶饼，或圆或方，饮用时要先将其碾碎，之后再煎煮或点冲。大体圆者称"团"，方者称"銙"（kuǎ）。

唐朝时盛行煮茶，即将茶叶碾碎，与芝麻、花生等同煮。宋人饮茶更加讲究茶品、火候、煮法及饮效等，出现了点茶法，即将茶饼碾成茶粉，再用沸水调和。在此基础上，以茶汤品相和口感等标准来评定茶的优劣，谓之斗茶，也称"茗战"。

荷叶盖罐因盖为覆荷叶状而得名，盖钮多为莲杆状或宝珠、圆柱形，盖内置子口。瓷制的荷叶盖罐始见于金代耀州窑，后南北两地的窑厂皆有生产，涵盖耀州、龙泉、吉州、景德镇、海康诸窑。

〔南宋〕广元窑黑釉玳瑁纹敞口瓷茶盏
（四川宋瓷博物馆藏）

这是黑釉玳瑁纹敞口瓷茶盏，这是黑釉兔毫直口瓷茶盏。这两件就是用来饮茶的了。白色的茶汤盛在黑色的盏里，别有一番意境。

〔南宋〕黑釉兔毫直口瓷茶盏
（四川宋瓷博物馆藏）

〔南宋〕景德镇窑青白釉印花莲荷纹斗笠瓷碗
（四川宋瓷博物馆藏）

这件是青白釉斗笠碗。此物倒置过来形似斗笠，故名。它的起源可以追溯到新石器时代的陶碗和木碗，但这个碗外壁斜直，形态挺拔，由于碗壁的倾斜度很大，因而容易使碗底的茶料滑向饮用者的口内，很适合坊间一些人烹煮茶叶时所用。

宋代开始大量烧造黑釉瓷器，现已发现的宋瓷窑址中，有三分之一以上都能见到黑瓷，尤其是黑釉茶盏产量特别大，有不少瓷窑专门烧造。

"注子"之名始见于唐代,又称执壶,是一种斟酒器。它来源于魏晋时期一种名为"罌"(yīng)的器物。

第一步：碾茶。

炙茶后，将茶饼以净纸密裹槌碎，之后将槌碎的茶放入碾槽之中，快速有力地将其碾成茶末。

磨茶

罗茶

第二步：磨茶。
为了获得更细的茶粉，可将碾碎的茶放在茶磨上进一步碾磨。

第三步：罗茶。
将磨好的茶粉放入罗绢做的筛网中，细筛几遍，直至"绝细"。

温盏量茶

注汤

第四步：温盏量茶。

点茶之前，将清洁流动的活水烧至第二沸，用其冲涤茶盏。然后趁着茶盏还有余温，拨入茶粉。

第五步：注汤。

用执壶注入少量的水，先将茶粉调成均匀的茶膏。

第六步：击拂。
一边注水，一边用茶筅击拂茶汤，使茶汤出现稳定而持久的泡沫。击拂，是点茶的关键，用茶匙或茶筅等工具搅动茶汤，使之产生沫饽，乃至咬盏挂杯，幻化出花草虫鱼之形象。茶匙要重，击拂有力，若击拂无力，则"茶不发立"。

第七步：置托。
当汤花呈现出美丽的颜色之后，将茶盏置于漆器或同材质茶托之上。

茶不发立：出自宋徽宗赵佶《大观茶论》，指不能使茶处于半浮沉状态。

# 知识探索

1. 涂一涂（为这件荷叶盖罐涂上你喜欢的颜色）

2. 找一找（绘本里提到唐代和宋代分别流行什么饮茶方式？写在下方横线处）

_____

_____

3. 想一想（在下方横线处写下有关茶的诗词歌赋）

_____

_____

_____

# 参考答案

### 找一找

唐代：煮茶
宋代：点茶

## 故事背景

在宋代，随着经济的繁荣和社会的稳定，文人士大夫的生活方式和文化追求达到了前所未有的高度，其中宴饮文化尤为突出。文人士大夫们不仅注重宴席上的菜肴品质，更讲究宴饮的氛围和仪式，这使得宋代的宴饮活动成为一种集美食、美器、美景于一体的综合享受。宴席上，精致的菜肴与考究的瓷质餐具相得益彰，共同构成了宋代饮食文化的重要组成部分。宴席上的每一个细节，从菜肴的制作到餐具的选择，都体现了宋代文人士大夫对生活品质的追求。

"瓷盘珍馐"不仅讲述了一个温馨的家庭故事，更是一次深入宋代饮食文化与瓷器艺术的探索之旅，引领读者感受宋代文人士大夫生活的雅致与丰富。通过本篇故事，我们仿佛也能参与进那一场充满文化气息的宴饮活动，感受宋代文人士大夫的生活哲学和美学理念。

## 阅读目标

**文化认知**　　了解宋代的社会风貌、士大夫文化及日常生活习俗；探索宋代瓷器的发展历程，认识饮食器具及其用途；学习宋代的饮食文化，包括食物种类、烹饪方法以及宴饮礼仪。

**审美培养**　　欣赏宋代瓷器的美学特征，如造型、釉色、装饰纹样等；培养对传统艺术的鉴赏力，增强对中国传统瓷器文化的兴趣。

**道德教育**　　通过故事中的角色和情节，理解亲情纽带、友爱精神与敬老尊贤的传统美德，认识追求美好事物的重要性，同时培养责任感、独立性和团队合作的精神。

**生活实践**　　学习一些生活常识和烹饪技巧，如食材的选择、处理方法及摆盘艺术，增强动手能力与生活实践能力。

宋代"以文治国"的大政方略，使得宋代文人阶层的社会地位急剧提升。加之统治者对"宴饮"的积极态度，文人士大夫成为宋代宴饮活动的主体。他们基于崇雅观念而追求日常生活的审美化，因此雅集宴饮以其盎然雅趣成为这种雅化生活范式的典型标志。

# 出场人物

### 颜望回

青池和颂哥儿之父,宋代文人,家境殷实。

### 赵清影

青池、颂哥儿之母,贤惠达理、仁爱慈善、教子有方。

### 青　池

家中长女,颂哥儿之姐,从小习读四书五经、诸子百家,聪慧过人。

### 颂哥儿

家中长男,青池之弟,垂髫稚子,求知欲强。

这宴席上所备的酒水、果肴有些还是从异地采购来的,平日可不多见,你们今天可以尽享美味了。

这幅画展现了文人饮酒品茗的盛大场面。园林中绿草如茵,雕栏环绕,树木扶疏,文士们围坐在桌子周围,饮酒赋诗畅谈。

〔北宋〕宋徽宗赵佶《文会图》
（台北故宫博物院藏）

看盘，是餐桌上的装饰物，用于看而非吃。其内容物为枣塔、捆成小束的猪羊鸡鹅兔肉，或由楺楂（míng zhā，果木名，略似苹果，果肉酸，可作蜜饯）、橙子堆叠成高盘，具有一种视觉上的丰盛感。

蜜煎：即蜜饯。宋代的蜜煎制作精细，品种繁多，是深受人们喜爱的食品。宋代甚至有专门为研发和制作蜜煎而设立的部门，叫作"蜜煎局"。

宋代有很多的酒肆瓦舍、高档酒楼。这些酒楼还提供订餐、送餐服务,由酒店的店小二进行登记,然后按照食客规定的时间送餐上门。餐食放入木质或瓷质的食盒内,分上下几层,可以保持菜品的温热,体现出更佳的口感。

文人士大夫在宴饮上的主要文学活动莫过于赋诗。僚佐之间常常即兴赋诗、分题赋咏、往来酬唱,进而抒发情感、比赛诗艺。原诗节选自宋代吕陶《席上咏金橘》,意为"江南所种的橘子多如稻谷,但只有你以'金'为名。金橘怎会是那些俗物,一定要非常珍惜,就好比是千锤百炼的精华"。

宋代制瓷业的发展，伴随着饮食业的高度繁荣，瓷质饮食器具开始成为社会中的主流器具，其中单色釉瓷器十分普遍。它们含蓄典雅、端庄隽永的特点深得文人士大夫的喜爱。

## 知识探索

辨识餐具（你知道下面这些餐具都叫什么吗？请选择正确的名称填在横线上）

碟　注子　碗　杯　盘　盏

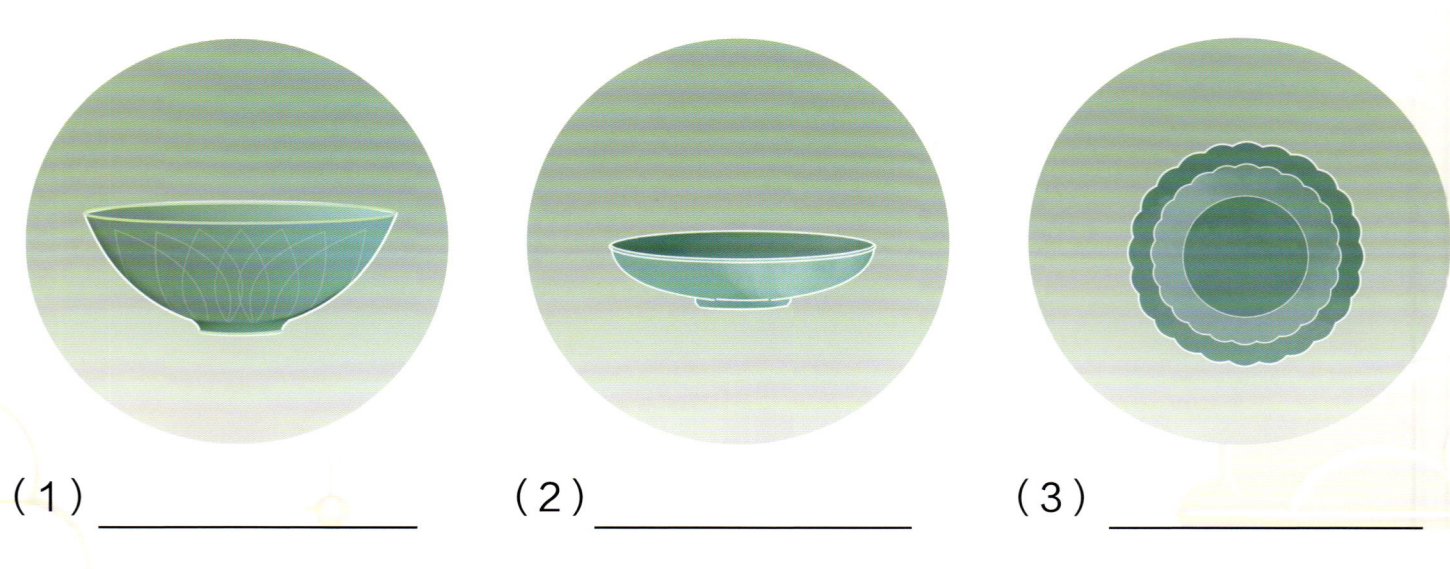

（1）_____　　（2）_____　　（3）_____

（4）_____　　（5）_____　　（6）_____

〔南宋〕景德镇窑青白釉刻划双鱼纹六轴芒口深腹瓷碗
（四川宋瓷博物馆藏）

又吃完了一碗，嘿嘿。看，这碗底有两条"鱼"！

这是"鱼水碗"，两条鱼寓意"年年有余"，是对美好生活的一种期盼与祝福。

除了鱼，餐具上还有花呢。这个菊花瓣纹的瓷碟颇有一种淡泊明志、怡然自得的境界。

〔南宋〕景德镇窑青白釉菊瓣形敞口折腹瓷碟
（四川宋瓷博物馆藏）

我还看到了一头犀牛，真有趣！

［南宋］景德镇窑青白釉
印花"犀牛望月"纹铜扣瓷盘
（四川宋瓷博物馆藏）

这是"犀牛望月"纹样，因一头犀牛蜷腿跪卧、回头望月而得名。犀牛下部是一条水波荡漾的大河，两侧是芦苇、水草和莲花等植物，上方有一弯上弦月。"犀牛望月"也寄托着人们对生活美好的期许。

"犀牛望月"纹在宋代也称"坤牛望月"纹，是宋代颇为流行的一种寓意吉祥的图案。邵雍《梦林玄解》记载："犀之为物，上能通天，下能分水。科举梦此子丑联捷，征伐梦此水战大胜，出行梦此遇险得济，疾病梦此服药必痊，商贾梦此涉江泛海必获珍宝之奇货。"可见这一图案寄托了宋时人们对科举、征战、出行、健康、财富等的美好期许。

母亲，那这个葫芦形的餐具是做什么的呢？

这是"酒注子"，是一种酒器，通常与"注碗"配套使用。"注碗"中盛上热水，"注子"置于"注碗"的热水中，可以让"注子"中的酒保持温热。

［南宋］龙泉窑青釉葫芦形瓷注子
（四川宋瓷博物馆藏）

原来如此，这样父亲冬日也可以饮热酒了。

同样是酒器的还有这件花纹经瓶，它口小而腹大，既可以用作储酒、储水的器具，也以其优美的造型作为装饰物件。

〔南宋〕景德镇窑青白釉刻划花纹梅瓶
（四川宋瓷博物馆藏）

难怪我觉得眼熟，池儿想起几日前看到家中厅堂也陈设着此类器物。

梅瓶是一种小口、短颈、丰肩、瘦底、圈足的瓶式，以口小只能插梅枝而得名。因瓶体修长，造型挺秀、俏丽，宋时称为"经瓶"，作盛酒用器，明朝以后被称为梅瓶。

宋代社会人际交往十分活跃，形成了独特的社交礼仪和习俗。其中男子行揖礼，行礼时双手互握合于胸前，一般右手握拳在内，左手在外。女子行万福礼，行礼时右手放在左手上，拇指交叠翘起，位于腹部正中央，两膝微曲，颔首低眉，微微伏身而起。还有一种礼仪是叉手礼，也叫交手礼，是平常生活中打招呼的礼仪，行礼时双手交握于胸前，是地位低者向地位高者行的一种礼，以示尊敬，无论男女老幼都可行使。

# 知识探索

## 请为下面的瓷盘绘上你喜欢的纹样

## 参考答案

● 辨识餐具

（1）碗；（2）盘；（3）碟；（4）注子；（5）杯；（6）盏。

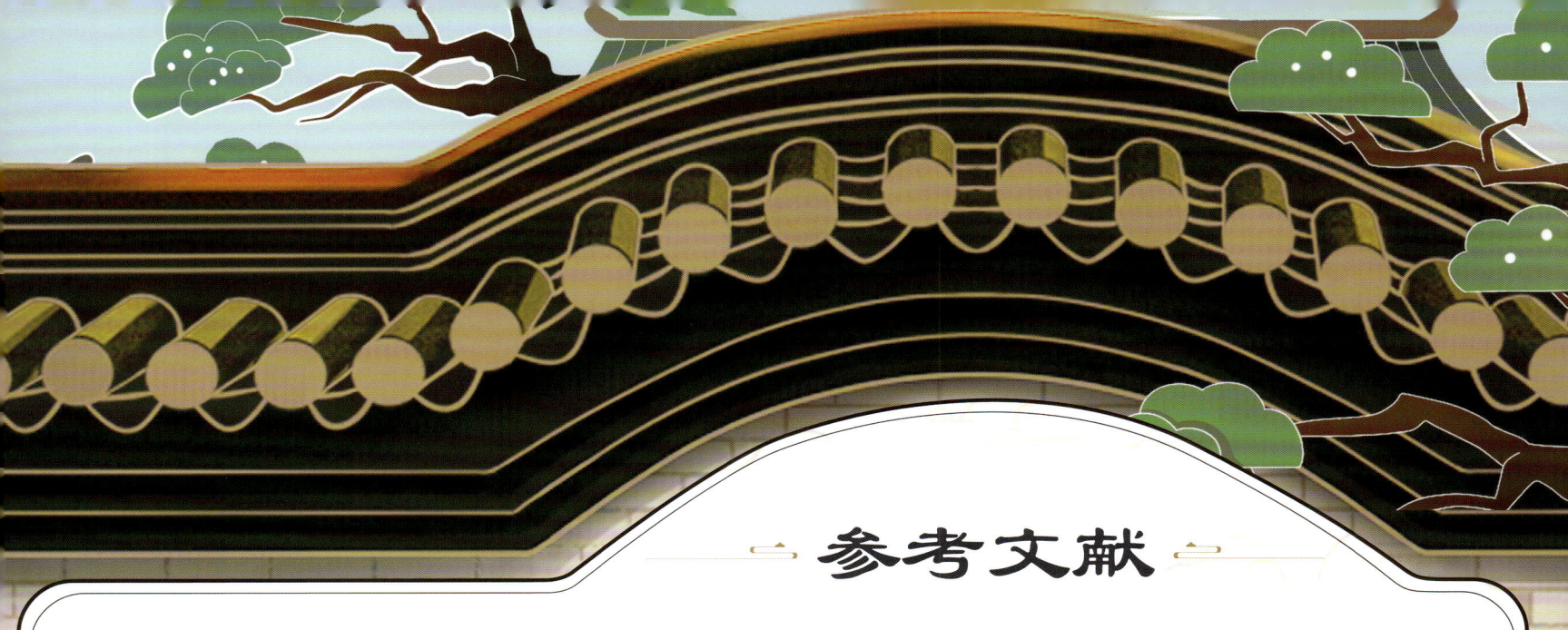

# 参考文献

[1] 卢晓菡，刘磊. 待到炉寒香尽时——两宋香事流源 [J]. 爱尚美术，2018(5):96-105.

[2] 林文森. 中国香文化起源刍议 [J]. 东方收藏，2022(5):116-118.

[3] 杨庆存，郑倩茹. 宋代尚香文化与人文内涵 [J]. 东北师大学报（哲学社会科学版），2019(4):7-14.

[4] 方忆. 香茶画花 四般闲事——从四川遂宁金鱼村窖藏出土的南宋瓷器看宋人的日常生活 [J]. 收藏家，2014(1):22-28.

[5] 吴丹丹. 花卉与宋代文人生活 [D]. 合肥：安徽大学，2019.

[6] 郑继猛. 论宋代朝廷戴花、簪花礼仪对世风的影响 [J]. 西华师范大学学报（哲学社会科学版），2010(3):11-14.

[7] 方忆. 宋代插花与花器刍议——以宋画或宋意绘画为例 [J]. 收藏家，2017(12):3-11.

[8] 闫锦. 宋画中的"容器插花"图像研究 [D]. 上海：华东师范大学，2020.

[9] 郭丽霞. 宋代瓷文具研究 [D]. 南京：南京林业大学，2018.

[10] 李杨琳. 宋代瓷砚滴研究 [D]. 景德镇：景德镇陶瓷大学，2020.

[11] 王小娟. 宋代文房四宝与文人 [D]. 武汉：华中师范大学，2013.

[12] 扬之水. 关于《两宋茶事》[J]. 读书，2024(2):159.

[13] 扬之水. 两宋茶诗与茶事 [J]. 文学遗产，2003(2):69-80，143.

[14] 沈松勤. 两宋饮茶风俗与茶词 [J]. 浙江大学学报（人文社会科学版），2001(1):67-73.

[15] 商亚敏. 宋瓷茶盏的源流及演变 [J]. 农业考古，2013(2):76-79.

[16] 王永. 美食配美器——遂宁金鱼村窖藏饮食器具赏析 [J]. 文物鉴定与鉴赏，2020(21):1-5.

[17] 刘丽. 宋代饮食诗研究 [D]. 杭州：浙江大学，2017.

[18] 刘梦娜. 宋代饮食文化的考古学考察 [D]. 郑州：郑州大学，2018.

[19] 柳靖. 宋代饮食文化审美研究 [D]. 西安：西安建筑科技大学，2021.

[20] 陈曦，巫骁. 儿童绘本对博物馆社会教育的影响探析 [J]. 出版广角，2021(11)：86-88.

[21] 李晓鲁，徐方，李敬玉，等. 宋代文人士大夫的审美取向对宋瓷的影响 [J]. 黔南民族师范学院学报，2019,39(2)：120-124.

[22] 徐鹏鹏. 绘本亲子阅读方法谈 [J]. 文学教育（下),2023(3)：138-140.

[23] 黄晓枫. 寓情于器——遂宁金鱼村窖藏出土器物鉴赏 [J]. 文物天地,2018(9)：72-81.

## 后记

　　缓缓合上绘本的那一刻，我们仿佛刚从一场穿越时空的旅程归来，心中满怀着对历史的敬畏与对艺术的赞叹。这本绘本的出版不仅是对宋代瓷器文化的一次深情献礼，更是一场心灵与视觉的盛宴，让那些沉睡于历史长河中的瑰宝再次焕发出耀眼的光芒。

　　我们深知博物馆是一所大学校，博物馆的教育功能应当与学校教育紧密结合，共同促进青少年的全面发展。这本宋瓷文化普及绘本富含知识性、趣味性，既展现了宋代瓷器之美，又以鲜活生动的方式引导青少年走进历史，感受传统文化的魅力，在青少年心中播撒下文化的种子，让他们从小树立起对中华优秀传统文化的高度认同感和自豪感。

　　习近平总书记指出："只有全面深入了解中华文明的历史，才能更有效地推动中华优秀传统文化创造性转化、创新性发展，更有力地推进中国特色社会主义文化建设，建设中华民族现代文明。"这本绘本竭力捕捉了宋瓷之精髓与宋文化的深厚底蕴，但文化的探索永无止境，我们将持续致力于传统文化的研究，不断丰富和深化内容，讲述更多宋瓷里的中国故事，探索更多互动体验方式，让千年前的美丽与智慧继续在新时代绽放异彩。

　　我们期待在传统文化传承与创新的道路上，与您相遇，携手共进。让我们绵绵用力、久久为功，为弘扬中华优秀传统文化贡献绵薄之力！

本书编委会